수상한
글자를
만나다

|세종 대왕 편|

1판 1쇄 발행 2020년 3월 31일
1판 2쇄 발행 2021년 4월 29일

글 김기정 | 그림 장경혜 | 펴낸곳 한권의책 | 펴낸이 김남중
교정 한지연 | 디자인 나비 | 스캔 공간
주소 (우)03968 경기도 파주시 노을빛로 109-26(202호)
출판등록 제406-251002011000317호
전자우편 knamjung@hanmail.net
전화 031-945-0762 | 팩스 031-946-0762

김기정·장경혜 ⓒ2020

ISBN 979-11-85237-43-5 74810
ISBN 979-11-85237-41-1 (세트)

이 책의 글과 그림은 저작권법에 의하여 보호받는 저작물입니다.
잘못 만들어진 책은 구입하신 곳에서 바꾸어 드립니다.

이 도서의 국립중앙도서관 출판예정도서목록(CIP)은 서지정보유통지원시스템 홈페이지
(http://www.seoji.nl.go.kr)와 국가자료공동목록시스템(http://www.nl.go.kr/kolisnet)에서
이용하실 수 있습니다.(CIP제어번호: CIP2020013173)

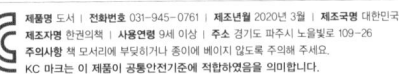

수상한 글자를 만나다

| 세종 대왕 편 |

장경혜 그림
김기정 글

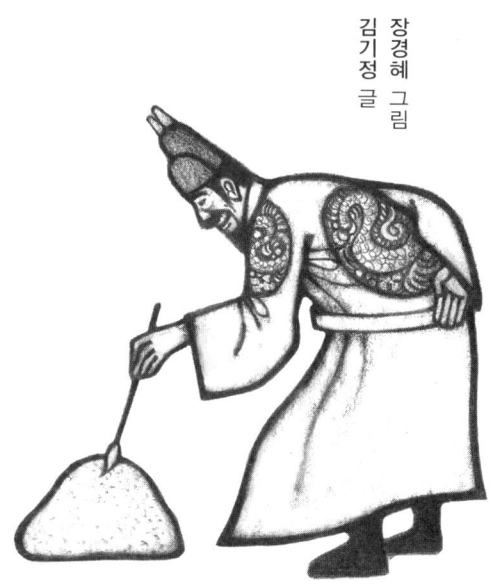

| 차례 |

초록 문 8

아주 낯선 곳 14

오묘한 글자 25

궁궐 안으로 35

글자를 만드는 임금 45

수상한 그림자 53

돌아오다 61

| 역사의 한 순간 | 66

어떻게 이돌한테 그런 일이 벌어졌을까요?
여기서는 말할 수 없습니다.
어느 날 갑자기 깜짝 놀랄 일이 떡하니 벌어졌다고밖에요.
언제고 여러분에게도 닥칠 수 있는 일이란 뜻입니다.

초록 문

그러니까 방과 후 수업을 하기 30분 전이었습니다. 이돌은 가방을 열어 보고는 당황했어요.

"어? 없잖아!"

옆에 있던 자야가 핀잔을 놓았어요.

"또? 멍청이."

"내가 왜 멍청이냐? 깜빡한 건데, 뭘."

"벌써 세 번째잖아. 이번엔 영어 선생님이 가만있지 않을걸?"

이돌은 그게 무슨 뜻인지 잘 알고 있어요. 그저께도 책을 빼놓고 오는 바람에 단단히 주의를 받았거든요.

"쳇, 오늘은 수업 안 갈래."

동시에 자야가 톡 쏘아 댔습니다.

"내가 선생님한테 이를 거야."

자야는 입술을 삐죽였고 이돌은 얼굴이 빨개졌어요. 자야가 왜 사사건건 짝꿍을 못 잡아먹어 안달인지 알 수가 없습니다.

어쩌겠어요. 쏜살같이 교문을 빠져나간 건 그런 까닭이었습니다. 집까지 15분 거리. 빠듯한 시간이지만 혼나는 것보다야 백배 나으니까요.

'자야만 아니면 이 고생 안 할 텐데.'

달리던 이돌은 골목 앞에서 우뚝 멈추었습니다. 기막힌 생각이 막 떠올랐거든요.

평소처럼 학교 앞 네거리를 빙 돌아가지 않고, 골

목 쪽으로 가면 시간을 훨씬 절약할 수 있어요.

그럼 왜 그동안 먼 길을 돌아서 다녔냐고요? 그건 엄마랑 단단히 약속을 했기 때문이죠.

"언덕 쪽은 재개발 지구라 집들이 텅텅 비었어. 귀신 나올 거 같다더라. 불량배들이 들락거린다니까, 절대 그쪽으로는 다니지 마! 알았지?"

지금은 그 약속이 문제가 아니었습니다.

'골목길로 가로지르면 5분은 더 빠를 거야.'

이돌은 재빨리 골목 안으로 내달렸습니다.

그러고 보니 꼭 1년 만이었습니다. 그사이 골목길 여기저기에는 풀이 나 있었고 집들은 더없이 고요했습니다.

곧 골목으로 들어선 걸 후회했어요.

자꾸 무서운 생각이 들었거든요. 담 너머 수풀에서 "푸더덕!" 하고 새가 날아오르는 바람에 주저앉을 뻔도 했습니다. 그럴수록 더 빨리 뛰었어요.

눈앞에 초록 문이 보였습니다. 그 문을 지나 정원을 가로질러 뒷문으로 빠져나가면 바로 이돌이 사는 동네였어요.

이돌은 초록 문 앞에 멈춰 섰습니다.

한때는 '초록대문집'으로 불렸어요. 당골 할아버지네 집이었죠. 1학년 때부터 이 집을 매일 들락거렸어요. 지름길인 데다 할아버지가 건네주는 사탕은 굉장히 맛났거든요. 그렇지만 할아버지가 작년에 돌아가신 뒤로는 이곳에 온 적이 없어요. 엄마의 당부도 있었지만 무엇보다 눈물부터 날 것 같았기 때문이에요.

'그사이 얼마나 바뀌었을까?'

대문은 칠이 벗겨지고 녹이 잔뜩 슬어 있었어요.

이돌은 조심스레 문을 밀었습니다.

끼이익!

잠깐 집 안을 둘러볼까 생각하긴 했어요.

'아니, 그럴 시간 없어. 빨리 갔다 와야 해.'

이돌은 초록 문 안으로 그렇게 발을 내디뎠어요.

아주 신기하고도 이상한 첫걸음을요!

그건 이돌이 상상조차 할 수 없는 모험이자 여행이었습니다.

아주 낯선 곳

이돌은 대문을 열고 안으로 들어갔을 뿐이에요. 마당을 지나 뒷문으로 나가면 되는 일이었어요. 한데요, 그럴 수가 없었어요.

이런, 세상에!

아주 잠깐 눈앞이 깜깜해졌다가 환해졌어요. 전깃불이 꺼졌다 다시 들어왔을 때처럼요.

이돌은 그 자리에 얼어붙고 말았습니다.

'어, 이게 뭐야?'

낯설고도 이상한 거리였어요. 사람들이 분주히 오갔고 시끌시끌했습니다. 기와집과 초가집이 길 양쪽으로 쭉 늘어섰고 사람들은 하나같이…… 맞아요. 옛날 옷을 입고 있었어요.

'여기는 어딜까?'

이돌은 눈을 몇 번 끔쩍이고 손으로 비벼도 보았어요. 여전히 같은 곳이에요. 온몸이 바르르 떨려 왔어요.

하지만 그것도 잠깐이었어요.

"오빠! 뭐 해. 빨리 가지 않구선."

누군가 부르는 소리에 고개를 돌렸을 때, 이돌은 소스라치게 놀라고 말았습니다.

머리를 땋아 늘어뜨린 여자아이가 이돌을 빤히 쳐다보고 있잖아요. 이돌의 한쪽 손을 꼭 쥔 채로요.

이돌은 얼른 손을 빼며 비명을 질렀어요.

"으악! 너 누구야?"

여자아이는 장난스레 혀를 날름거렸어요.

"누구긴, 두말 오빠의 엄청 착한 동생 간난이지. 그걸 몰라서 물어?"

"내가 두말이라고?"

그제야 이돌은 자기 몸을 위아래로 훑어보았어요.

옷은 얼룩덜룩 꾀죄죄했고 길게 땋은 머리카락이 등허리에서 징그럽게 덜렁거리고 있었죠. 신발은…… 헉! 때가 새까맣게 낀 맨발에 짚신이에요.

이게 어떻게 된 일일까?

이돌은 뒤를 보았어요. 방금 들어선 초록 문은 보이지 않았어요. 문도 골목도 감쪽같이 사라지고 없어요.

꿈일까?

아니었어요.

이돌이 그러거나 말거나 간난이가 다시 손을 잡아 끌었어요.

"오빠, 늦으면 안 돼. 나리한테 아까처럼 혼나면 어쩌게. 약방 문 닫기 전에 가야 한다고."

이돌은 간난이가 가는 대로 걸음을 뗄 수밖에 없었어요. 제정신이 아니었으니 말이에요. 반쯤 얼이 빠진 채로 눈동자만 굴렸습니다.

북적이는 사람들과 시끌벅적한 소리, 요상한 냄새와 갖가지 시장 물건. 나들이를 온 거라면 신기해서 쳐다봤겠지만, 이돌 얼굴은 점점 파랗게 질려 갔어요.

'나한테 무슨 일이 일어난 거야?'

얼마쯤 갔을까? 간난이가 어느 가게 앞에 멈추어 섰어요. 한약 냄새가 풍기고 처마에는 약재료를 담은 봉지가 주렁주렁 매달려 있어요.

"휴, 다 왔다. 이게 뭔 일이우. 세 살이나 더 먹은 오빠가 날 데려와야지. 거꾸로야."

그러곤 가게 안쪽을 향해 외쳤습니다.

"약방 아재!"

잠시 뒤 안에서 소리가 들렸어요.

"누구요?"

"안골 학사 댁 간난이요!"

약방 주인이 얼굴을 내밀었어요. 위로 말린 콧수염에 가는 눈썹. 약방 주인은 간난이는 안 보고 외려 이돌한테 아는 척을 했어요.

"두말이 이놈! 간난이까지 델꼬 왔으믄 니가 나서야지, 원."

"오빤 아까부텀 이상해요. 말도 않고. 바보가 되었다우."

"뗏끼, 바보라니. 요것아, 한양 바닥에서 두말이만큼 똘똘한 놈은 못 보았다."

약방 주인은 멍한 얼굴을 한 이돌을 살피더니 입을 다시며 돌아섰어요.

"허, 오늘 두말이 놈이 뭔가에 단단히 홀렸나 보다. 눈이 흐리멍덩히 풀렸어. 간난아, 좀 기다려야겠다.

귀한 손님이 와 계셔."

 약방 주인이 안으로 다시 들어가자, 이돌은 간난이 쪽을 보며 말했어요.

"여긴 왜 왔어?"

"뭐? 보면 몰라? 바보! 학사 어른 약 받아 가기로 하구선?"

 이돌은 아무 대꾸도 할 수 없었어요. 대체 무슨 말을 할 수 있겠어요. 간난이 소매 끝이 반질거리는 게 보였어요. 다리에 힘이 탁 풀리고 머리가 어질어질했어요. 엉거주춤 약방 마루 끝에 엉덩이를 걸치고 앉았습니다.

'이게 꿈이 아니면 뭐지?'

 길 건너 맞은편은 그릇 가게예요. 가게 주인이 뻐끔뻐끔 담뱃대를 물고서 이돌을 노려보고 있었죠. 그러다 버럭 한소리를 했습니다.

"어린놈이 어른을 왜 빤히 쳐다봐!"

이돌은 이내 고개를 푹 수그렸어요. 땅바닥에 개미들이 우왕좌왕하고 있는데, 꼭 자신이 그런 것만 같아서 눈물이 핑 돌았습니다.

약방 안쪽에서 두런두런 말소리가 들렸습니다.

"아는 애들인가?"

"네, 정 학사 댁 심부름하는 아이들입지요."

"정 학사라면?"

"안골 사는 학사 정인지 나리입지요. 그제 몸살이 나서 쟤들 편에 약을 지어 보낼 참입니다."

약방 주인의 말투는 매우 공손했습니다.

얼마 뒤 약방 주인이 약 서너 첩을 들고 나왔어요.

"옛다. 해 떨어지기 전에 어서 가 보아라."

간난이가 이돌을 쳐다보며 눈살을 모았어요.

"두말 오빠!"

두말, 아니 두말이 된 이돌이 눈만 또 멀뚱거리자, 이번에는 옆구리를 쿡 찌르지 뭐예요.

간난이가 귓속말을 했어요.

"어르신이 당부한 말씀 있잖누. 왜 가만있누?"

그게 뭔데? 난데없이 두말이가 되었는데 이돌이 알 턱이 있나요.

"으이구!"

간난이는 답답한 듯 가슴을 탁탁 쳤어요. 한숨을 내쉬며 약방 주인에게 말했습니다.

"글쎄, 아까 오빠가요, 정 학사 나리께서 따로 적어 준 종이쪽을 잃어버렸지 뭐예요. 된통 혼나고 '이번엔 간난이랑 같이 가서 똑바로 전해라!' 이렇게 말씀하셨답니다. 그 말씀이 뭐냐면요, 나리가 두말 오빠한테요, '약방 영감에게 밤사이 기침이 잦아지고 가래가 끓어 잠 한숨 못 잤으니, 약을 짓기 전에 꼭 말하거라.'라고 말씀하셨답니다."

약방 주인 얼굴이 순간 일그러졌어요.

"그걸 왜 인제 말하느냐. 벌써 약을 다 지어 놨는

데. 네놈들이 약값을 물어낼 테냐?"

일이 이렇게 된 건 두말, 아니 이돌 탓이 아니에요.

간난이는 금세 눈물이 그렁그렁해졌어요.

바로 그때였습니다.

방문이 열리고 누군가 얼굴을 내밀었어요.

"약방 영감 성깔 한번 고약하이. 다시 약을 지으면 되지, 왜 아이한테 성을 내는가?"

목소리 주인은 어른도 아니고 아이도 아니었어요.

오묘한 글자

기껏해야 이돌보다 한두 살 더 먹었을까?

그런데도 사내아이한테서 풍기는 분위기는 사뭇 어른스러웠습니다. 입은 앙다물었고 입꼬리에는 묘한 웃음기가 번졌어요. 매서운 눈빛은 보는 이를 꿰뚫어 버릴 듯했습니다. 더욱이 옆에 선 젊은 선비가 이 어린 사내 앞에서 어깨를 낮추는 것만 봐도, 제법 높은 양반 같았습니다.

역시나 약방 주인도 연신 굽신굽신했어요.

"대군마님, 약이란 말입죠. 때와 몸에 맞춰 지어야 효험이 있습죠. 어제 제가 정 학사 댁에 가서 진맥을 하고 방금 전에 약을 지은 것입니다. 한데 하루 사이에 증세가 달라졌다니 어쩌겠습니까?"

이번에는 젊은 선비가 말했어요.

"그럼 자네가 다시 가서 진맥을 짚어야 한단 말이로군."

약방 주인이 머리를 긁적였어요.

"최 교리 어른, 오늘은 일이 잔뜩 밀려서 가게를 비울 수가 없습니다요."

약방 주인은 사내아이를 대군이라 불렀고, 선비는 교리라 했습니다.

'대군은 뭐고 또 교리는 뭐람?'

한동안 이야기들이 오갔어요. 그러는 중에도 이돌 머릿속은 어서 빨리 이곳을 빠져나갈 궁리뿐이었습니다.

'어떡하면 집으로 돌아갈 수 있을까?'

옆에서 자신을 말똥히 쳐다보는 간난이가 손을 더 꼭 쥐지 않았다면 당장 눈물이 쏟아졌을 것입니다.

이윽고 약방 주인이 뭔가를 내밀었어요. 방금 전 붓으로 종이에 휘갈겨 쓴 쪽지였습니다.

"옜다. 이걸 정 학사께 갖다드려라."

이돌이 머뭇대자, 대신 간난이가 대답했어요.

"이게 뭔데요?"

종이쪽에는 한자가 빼곡 적혀 있었어요.

"기침, 가래가 생기셨다니 새 처방이다. 보낸 약과 함께 쓰시라 말씀드려라."

간난이가 입을 삐죽거렸어요.

"아휴, 이런 글자를 어떻게 알아본데?"

약방 주인이 어이없다는 듯 말했어요.

"너희 같은 애들이 글자를 알아서 뭔 소용이냣!"

잠자코 듣고 있던 대군이 말했어요.

"아닐세. 오래지 않아 아이들도 쉽게 익히고 쓸 수 있는 글자가 생길 걸세."

약방 주인이 코웃음을 쳤어요.

"어이쿠, 대군 나리. 제가 한평생 약 처방문을 썼는데도 한자는 겨우 양반 나리 발꿈치만큼 압지요. 어디 애들이 그 어려운 한자를 배울 수나 있을깝쇼?"

대군이 너털웃음을 쳤어요.

"허, 이 사람 귓구멍이 막혔나. 내 말은 누구나 쉽게 익히고 쓰기 편한, 새 글자를 만들어야 한다는 뜻일세."

나이답지 않은 웃음소리인데도 왠지 그럴싸하게 들렸어요.

"허허, 그런 세상이 올깝쇼? 뭐, 그렇다면 천지개벽할 일입지요."

약방 주인은 덩달아 웃었습니다.

대군이 종이쪽을 들여다보며 한자를 나직이 읊조

렸어요.

> 梨煎着喝汁
> 桔梗炖烂用热匙涝汁吃

"리와 길경이라?"
약방 주인이 거들었습니다.
"우리말로 배와 도라지입죠."
"배는 달여서 마시고 도라지는 푹 고아서 숟가락으로 떠먹어라? 이보게, 우리나라는 여태 글자가 없어서 이렇게 중국 글자를 빌려 와 써야 하니 불편한 게 한두 가지가 아니라네."
잠자코 있던 최 교리가 나섰어요.
"지난 수천 년 동안 우리나라에선 한자를 잘 써 오고 있습니다."

대군의 눈초리가 빛났습니다.

"최 교리는 새 글자를 만드는 데 아직도 불만인 모양일세. 고집불통이네그려. 그토록 한자가 좋은가? 자네 같은 선비들이야 아쉬울 게 없겠지. 죽어라 한자를 달달 외워 벼슬자리를 얻었으니!"

낮은 목소리에는 가시가 돋아 있었어요. 이내 최 교리 얼굴빛이 붉어졌습니다.

"말씀이 지나치십니다, 대군."

대군은 최 교리를 보며 쏘아붙였습니다.

"여보게, 백성들은 안 그렇다네. 아바마마께서 여러 번 말씀하시길, '장차 백성들이 우리 글자를 스스로 익히고 쓸 줄 아는 날이 되면 새로운 세상이 될 거다.'라고 하셨지. 자네도 잘 알지 않는가."

최 교리는 얼굴을 숙이고 바르르 떨었어요. 하지만 약방 주인은 무슨 말인지 알아듣지 못하는 듯했어요. 그저 고개를 갸웃대고만 있었죠.

대군이 약방 주인을 바라보았습니다.

"이보게, 주인장. 우리말 '배와 도라지'를 이렇듯 한자로 써 버리면 암호랑 뭣이 다르겠나. 좀 배웠다 하는 양반들만 알지. 백성들은 영영 까막눈 신세를 면하지 못할 걸세."

대군이 종이에 쓰인 한자를 한 자 한 자 짚으며 말하는데도, 약방 주인은 연신 뒷머리를 긁적였어요.

"도대체 배와 도라지를 한자 말고 어떤 글자로 대신 쓴단 말씀이온지."

그러자 대군이 혀를 찼습니다.

"그러게. 지금은 그렇단 말일세. 앞으로 올 세상에서 우리말을 우리 글자로 쓸 수만 있다면 얼마나 좋겠냔 이 말이야."

"아휴, 그런 날이 오겠습니까? 세상이 뒤집어지지 않고서야 그런 글자를 하루아침에 만들 수 있겠습니까."

이돌은 대군과 약방 주인이 하는 말이 귀에 쏙 들어왔어요. 쿡쿡! 자신도 모르게 웃음이 나오고 만 거예요.

대군이 이돌을 째려봤어요.

"요놈, 뭘 안다고 웃는 게냐?"

이돌은 불쑥 이렇게 말해 버렸답니다.

"큭큭, '배, 도라지'라고 쓰면 되잖아요."

…….

순간 가게 안은 얼어붙었어요.

대군의 눈이 금세 커졌어요. 약방 주인과 간난이는 무슨 말인지 몰라 멀뚱멀뚱했으나, 최 교리는 눈을 부릅떴습니다.

"이놈아! 그러는 너는 쓸 수 있단 말이냐?"

"그럼요."

대답이 어쩜 그리 쉽게 나왔을까? 사실 이돌은 '배'와 '도라지'를 어떻게 쓰는지 모른다는 게 우습

기만 했거든요.

　약방 주인이 혀를 찼어요.

　"허허, 두말이 이놈, 똘똘한 놈인 줄은 아는데 어른한테 장난치는 웃긴 놈이로구먼. 자, 그럼 어디 써 보아라."

하며 붓과 종이를 내밀었습니다.

　이돌은 붓을 들고는 종이 위에 글자를 썼어요. 거침없이, 이렇게요.

배
도라지

"에계계. 이게 뭔 그림이여?"

　약방 주인이 고개를 젖히고 헛웃음을 놓았어요.

　하지만 옆에서 지켜보던 두 사람만은 표정이 싹 달라졌습니다. 대군은 깜짝 놀라 엉덩방아를 찧었고 옆에 있던 최 교리는 얼굴이 벌겋게 달아올랐습니다.

대군이 벌떡 일어나며 버럭 소리쳤어요.

"이놈! 넌 누구냐?"

궁궐 안으로

이돌은 대군이 왜 그토록 화를 내는지 알지 못했습니다.

'배, 도라지?'

'내가 뭘 잘못했나?'

대군은 이돌이 글자를 쓴 종이쪽을 소매 속에 얼른 감추었어요. 그러곤 주위를 요리조리 살폈어요.

최 교리는 입술을 파르르 떨었습니다.

"수상한 놈입니다. 저놈을 당장 잡아다가 정체를

밝혀야 합니다, 대군."

이돌은 깜짝 놀랐어요. 그냥 글자 몇 자 썼을 뿐인데, 잡아가려 하다니요. 최 교리 눈빛만 봐도 굉장한 죄를 지은 것만 같았습니다.

어느새 대군의 목소리는 차분해져 있었어요.

"아닐세, 최 교리! 자네는 이 일을 아무한테도 알려서는 안 되네. 절대 비밀로 하게."

"대군마마, 그냥 넘길 일이 아니옵니다." 하고 최 교리는 이돌 쪽으로 한 걸음 떼었어요. 당장 잡아갈 기세였습니다.

"그만두래도!"

대군의 호령이 약방 안에 쩌렁 울렸죠. 최 교리는 허리를 굽히고 뒤로 물러서야 했습니다.

대군이 말했어요.

"자네는 간난이를 정 학사 집에 데려다주게. 두말이라는 이 아이는 내가 따로 물어볼 게 있어 나중에 보낸다 이르고."

 대군의 말소리는 칼날 같았어요. 그 때문일까요? 무서운 눈을 하던 최 교리도 더는 어쩌지 못했죠.

 조금 뒤 최 교리는 간난이와 먼저 정 학사 집으로 향했어요. 하지만 이돌은 최 교리의 싸늘한 얼굴에 몇 번이나 가슴이 철렁했습니다.

 약방을 나선 대군이 길을 앞서고 이돌은 두어 발 떨어져 걸었습니다.

 '어디로 가는 걸까?'

 저잣거리를 빠져나와 얼마를 걸었을까? 어느새 해가 뉘엿뉘엿 떨어지며 산자락에 노을이 걸렸습니다.

 그리고 곧 눈앞에 놀라운 모습이 펼쳐졌어요. 한편으론 이돌에게 꽤나 낯익은 것이기도 했어요.

 으리으리한 기와집과 커다란 문.

 이돌은 그 문을 본 적이 있어요.

 광화문?

고개를 돌려 반대편을 보았을 때 뻥 뚫린 광장이 펼쳐져 있고 그 끝자락에는 또 커다란 문이 우뚝 서 있었습니다. 숭례문이었죠!

'아, 여기가 종로구나!'

이돌은 아마도 몇 번쯤 엄마, 아빠와 함께 이 자리에 섰던 적이 있습니다. 높다란 빌딩이 있던 곳에는 기와집과 초가집이 즐비하게 들어서 있었어요. 자동차들이 다니던 도로는 널따란 길이 되어 사람들이 오갔습니다. 산과 궁궐만은 그대로였고요.

아, 경복궁! 거긴 조선 시대 서울, 한양 한복판이었던 거예요. 이돌은 혼잣말을 내뱉었어요.

"와, 내가 조선 시대에 와 있는 거야!"

대군은 아까부터 말없이 걷고 있었어요. 광화문 앞에 이르자, 문지기들이 우르르 달려 나와 머리를 조아렸습니다.

"대군마마!"

"이 아이는 내 손님이야."

대군은 짧게 말하고 성큼성큼 문 안으로 들어섰습니다.

이돌은 현장 체험 학습 때를 떠올렸어요. 궁궐 안에서 마구 뛰어다니고 사진을 찍었죠. 지금은 아주 고요하고 엄숙한 진짜 궁궐 안을 걷고 있잖아요. 새삼 신기했습니다. 걸어가는 동안 아무도 쳐다보지 않았어요. 모두들 앞서가는 대군 앞에서 고개를 조아렸으니까요. 히야……, 잠깐 이돌이 우쭐했던 건 사실이에요.

대군이 어느 방으로 들어섰습니다. 방 안 가득 책들이 쌓여 있고 그 한가운데는 탁자가 놓여 있었죠. 의자에 앉자마자 대군이 물었어요.

"내가 누군지 알겠느냐?"

이돌은 고개만 저었어요. 하마터면 대군이 이름이냐고 물을 뻔했죠.

"나는 상감마마의 둘째 아들, 조선의 왕자이다."

"네."

이돌이 기어드는 소리로 대답했어요.

'그래, 대군은 왕자를 달리 부르는 이름이었어.'

궁궐에 들어설 때부터 어림짐작은 했지만 왕자가 바로 코앞에 있다니!

대군이 다시 말했어요.

"자, 솔직하게 다 털어놓아 보아라. 어떻게 그 글자를 알게 된 게냐?"

말소리는 나직했지만 이돌은 옴짝달싹할 수 없었어요. 말이 입에서 떨어지지 않았죠. 왜 안 그랬겠어요. '학교에서 배웠어요. 나는 미래에서 왔습니다.'라고 말해 보았자, 누가 믿을까요.

이돌은 멈칫거리며 말을 더듬었습니다.

"그냥…… 뭐……."

"학사 정인지한테 배운 거냐? 심부름꾼 아이한테

벌써 그 글자를 가르치다니. 아니지, 아직 세상에 내놓은 글자가 아닌데 네가 서슴없이 쓰는 게 아무래도 수상하구나. 어떻게 그럴 수 있단 말이냐? 어서 말해 보아라."

이돌이 머뭇대자, 대군은 얼굴을 바짝 갖다 대고 속삭였어요. 누가 엿들을까 조심스런 눈치였습니다.

"이놈아, 저잣거리에서 아까처럼 그 글자를 함부로 쓰고 다녔다간 쥐도 새도 모르게 죽을 게다."

이돌은 또 가슴이 철렁였어요.

"글자 몇 자 썼다고 죽여요?"

"허허, 조선 땅엔 저 중국 글자, 저놈의 한자를 무슨 신처럼 받드는 자들이 있거든."

대군이 팔짱을 끼더니 말을 이었습니다.

"아바마마는 새로운 글자를 만드시는 중이지. 신하들이 반대를 해도 몇 해째 책을 읽고 연구하며 밤을 새우신단다. 여기 집현전 학사들과 함께."

'집현전?'

이돌은 정신이 퍼뜩 들었어요. 집현전, 새 글자라면, 아…….

이돌은 벌떡 일어나 소리쳤습니다.

"그럼, 세종 대왕이라고요?"

대군이 어리둥절한 얼굴로 되물었어요.

"그게 누구냐?"

"임금님요."

"하하, 우스운 놈이구나. 세종 대왕이라니? 내 증조부는 조선을 세우신 태조 대왕이시고 할아버지는 태종 대왕이시다만, 세종 대왕은 들도 보도 못했다, 이놈아."

이돌은 이때만 해도 알지 못했습니다. '세종'이란 이름은 임금이 돌아가신 다음에 따로 붙여지는 이름이란 걸요.

글자를 만드는 임금

복도는 듬성듬성 등불이 켜졌을 뿐, 더없이 조용했어요. 막다른 방 앞에는 시종과 궁녀들이 줄지어 서 있었고요. 문이 열리고 이돌과 대군은 안으로 들어섰습니다.

대군이 방바닥에 넙죽 엎드리며 말했어요.

"아바마마, 몸은 어떠하신지요?"

길게 쳐진 발 너머에서 목소리가 들렸습니다.

"하루 이틀 쉬면 나을 터이니 걱정하지 말거라."

말소리는 낭랑하고 또렷했습니다.

"며칠이나 밤잠을 못 이루시고 글자 연구에만 골몰하셨다 들었습니다. 몸을 살피셔야 합니다."

"이 밤중에 날 급히 찾은 까닭이 무엇이냐?"

"낮에 아바마마께 좋은 약재를 찾아 종로 약방에 들렀었습니다. 거기서 놀라운 일을 보았습니다. 먼저 이걸 보셔요."

대군은 무릎을 쓸며 앞으로 나가더니 소매에서 무언가를 꺼내어 건네었습니다. 그건 아까 이돌이 글자를 적었던 종이쪽이었죠.

그러는 동안 이돌은 임금님의 방을 보고 갸우뚱했어요. 굉장히 큰 방과 번쩍이는 황금, 맛난 음식들? 임금님의 방은 뭐 그럴 거라고 믿고 있었죠. 한데 그렇지 않았어요. 반질한 서랍장과 책장, 그리고 켜켜이 쌓인 책들과 은은한 향냄새.

발 너머에서는 아무 소리도 들리지 않았어요. 임금

님은 등잔불 아래에 종이쪽을 여러 번 비춰 보며 골똘히 생각에 잠긴 듯했습니다.

흐음, 낮게 내쉬는 콧숨 소리가 들렸어요. 몸을 움찔하는 모습도 보였어요.

임금님 목소리가 가늘게 떨렸어요.

"이 글자가 어찌 약방에서 나왔더란 말이냐?"

"여기 이 아이가 직접 쓴 글자들입니다. 바로 제 앞에서요. 학사 정인지네 심부름꾼 아이라 합니다."

웅크렸던 임금님 그림자가 꼿꼿이 앉았습니다.

"뭐라고? 얘야, 정말 네가 쓴 게 맞느냐?"

대군이 이돌 쪽을 바라보며 눈짓을 한 뒤에야 이돌은 겨우 대답했어요.

"예, 제가 썼어요."

"너는 이게 무슨 뜻인지 알고나 있느냐?"

"배하고 도라지요."

이돌이 기어들어 가는 소리로 말하는데 건너편은

무릎을 치는 맞장구였습니다.

"허, 그렇지. 이게 배와 도라지 소리이지. 정 학사한테 배웠다고?"

임금님은 종이쪽을 들여다보며 몇 번이나 고개를 저었어요.

"지난번에 글자 소리와 모양에 대해 이야기를 할 때도 정 학사는 번번이 막히고 헤매어서 내가 여러 번 설명해 줘야 했는데. 집에 가서 아이한테 가르치다니."

이돌은 바로 아니라고 대답하고 싶었지만 그럴 수 없다는 걸 잘 알았어요. '미래에서는 누구든 학교에서 한글을 배우고 모든 사람이 쓰고 있답니다!' 라고 해 봐야 소용없을 터이니까요.

임금님 목소리는 어느새 높아졌어요.

"허, 참으로 희한하고 놀라운 일이다. 나는 우리 글자를 만들기로 마음먹고, 헤아릴 수 없는 밤낮을 이 글자 연구에 보냈다. 이제야 그 원리를 세우고 자음, 모음! 그래, 이처럼 암수가 어울려 소리를 내도록 했지. 우리나라 사람이 쓰는 말소리를 온전히 적을 수 있는 글자 말이다. 아무렴, 저 중국 말은 우리말과 다르니, 그들의 글자로는 우리의 마음과 생각을 쉽고 정확하게 담을 수가 없으니까. 집현전 학사들과 함께 오랫동안 연구한 이유란다. 오호, 여기 '배'라고 쓴 글자 좀 보아라. 자음 '비읍'과 모음 '애'가 만나 '배'를 만든다! 기쁘구나. 나는 새로 만드는 글자가 혹 어그러질까 더 연구하고 은밀하게 시험하는 중이지. 세상에 알리려면 한참 멀었구나. 그런데 벌써 이렇게 쉽게 글자를 써내다니. 애야, 정말 정 학사한테 배운 게냐?"

이돌은 대답을 못 했어요.

대군이 다그쳤어요.

"어서 답하지 않고 뭣 하느냐?"

그때였죠.

콜록콜록!

발 너머에서 임금님이 심하게 기침을 했습니다.

임금님이 대군에게 말했어요.

"둘째야, 너무 채근하지 마라. 저 아이는 놀랍게도 스스로 글자를 써내지 않았느냐. 누누이 말하지 않더냐. 누구든 쉽게 쓸 수 있는 그런 글자! 우리가 만들려는 세상이다. 보물 같은 아이니 함부로 할 일이 아니다."

그러더니 이돌 쪽을 보며 말했습니다.

"얘야, 오늘은 밤이 늦었구나. 내일 정 학사와 함께 다시 오너라. 너에게 묻고 들을 게 많다. 우리 글자를 더 시험해 봐야겠어. 허허."

수상한 그림자

 이돌이 대군과 함께 임금님 방을 나섰어요. 어느새 달빛이 환한 밤이었어요.
 대군이 말했어요.
 "두말이라고 했지? 네 이름에 담긴 뜻을 아느냐?"
 이돌이 고개를 저었어요.
 "아이들 이름 중엔 두말, 서말, 아니 두되도 있지. 부모가 그 따위 이름을 지었을 리는 없다. 아마 네 부모는 콩 두 말, 아니 좀 후하면 쌀 두 말에 너를 정 학사네 집에 팔았을 터이다. 네 몸값이 두 말이니 이름도 그렇게 부르는 거다. 네가 정말 두 말짜리인지 내일 정 학사에게 따져 봐야겠다. 후후."

두말이란 이름에 그런 뜻이 숨겨져 있다니. 이돌은 어이가 없었어요.

'애걔걔, 내 몸값이 두 말밖에 안 된다고?'

집현전 문 앞에는 최 교리가 기다리고 있었어요.

최 교리가 앞으로 나서며 말했죠.

"제가 정 학사 집을 잘 아니, 아이를 데려다주겠습니다, 대군."

이돌은 아무 말도 할 수 없었어요. 이도 저도 어쩌지 못하는 신세잖아요. 그냥 최 교리 뒤를 따라 터벅터벅 걷는 수밖에요.

달빛에 길을 찾기는 어렵지 않았어요. 이돌은 걱정이 이만저만 아니었어요. 어느덧 자신의 주인이 된 정 학사를 만날 일이며 내일 궁궐로 와서 벌어지게

될 일이 큰일이었기 때문입니다. 어쩌면 좋담?

'사실대로 다 말해 버릴까?'

'영영 난 조선 시대에 살게 되는 걸까?'

'집으로는 어떻게 돌아가는 거냐고?'

이돌이 고개를 꺾은 채 한숨을 푹푹 쉬고 있을 때, 갑자기 앞서가던 최 교리가 우뚝 멈추어 섰어요.

그곳은 돌다리 위였습니다. 밑으로는 제법 깊은 개울이 흘렀어요.

최 교리가 돌아보았어요.

"바른대로 말해라, 요놈! 정 학사한테 그 글자를 배웠다는 게 정말이냐?"

최 교리의 눈빛은 매서웠어요. 아까 궁궐을 나설 때와는 딴판이었어요. 앙다문 입, 이글거리는 눈빛! 최 교리는 이돌 어깨를 싸쥐고 다그쳤어요.

"네 정체를 밝혀라!"

이돌은 온몸이 굳어 버렸습니다.

"아뇨, 난 아무도 아니에요."

뒤로 돌아 도망치고 싶었지만 그럴 수가 없었어요. 왜냐고요? 방금 전 들어선 돌다리 쪽에 웬 그림자들이 보였거든요. 건장한 덩치의 검붉은 그림자들. 뭔가 심상치 않은 일이 벌어질 것만 같았습니다.

이돌은 다리가 절로 풀렸어요. 최 교리가 그림자들 쪽으로 손사래를 치며 묵직한 목소리로 말했어요.

"이 녀석을 잡아가기 전에 잠시 기다리게. 내 궁금한 게 있으니."

최 교리는 입가에 야릇한 웃음을 띠더니, 이번에는 이돌 멱살을 억세게 움켜쥐었습니다.

"잘난 정인지라도 임금께서 만든 새 글자를 그토록 잘 알진 못할 터이다. 대체 넌 어디서 그 글자를 주워들었느냐? 요놈! 네놈 패거리가 있는 곳이 어디냐? 사실대로 말하면 살려 주마."

이돌은 숨이 막혀 왔어요.

"아니에요. 그냥 배워서 아는 거라고요."

"배웠다고? 조선 땅에 너한테 그런 글자를 가르칠 곳이 어디며, 가르칠 수 있는 자가 누구더냐! 천한 하인 주제에 감히 글자를 배우다니. 임금께선 백성을 위해 새 글자를 만드셨지만, 처음부터 우리 생각은 다르다. 글자란 본디 우리 같은 양반들만 알면 족한 것이다. 자, 어서 네 정체를 밝혀라!"

최 교리는 이돌 목을 누르며 다리 가장자리로 떠밀었어요.

그때였습니다. 멀리서 소리가 들린 건요.

다리 건너편에 불빛 서너 개가 흔들렸어요.

"두말 오빠!"

간난이 목소리였어요.

"두말아!"

어른들 목소리도 섞여 들려왔어요.

"여기예요. 살려 주세요!"

이돌은 있는 힘을 다해 소리쳤습니다. 이어 사람들이 달려오는 소리가 들렸어요.

이돌의 멱살을 잡았던 최 교리 손이 스르르 풀렸습니다.

일부러 그랬는지, 아니면 실수였는지는 알 수 없어요. 다리 난간에 기대어 있던 이돌의 몸이 맥없이 주저앉았으니 말입니다.

'으아악!'

이돌은 팔을 휘저었어요. 최 교리의 옷자락을 잡은 듯도 했지만, 순식간에 다리 아래로 떨어졌습니다. 눈앞이 아득해지고 정신을 잃었어요.

돌아오다

이돌이 정신을 차린 곳은 어디였을까요?

다리 밑? 아니에요.

초록 문 앞이었습니다.

눈 깜짝할 사이에 원래대로 와 있다니.

'집으로 돌아왔어.'

이돌은 눈물이 날 만큼 기뻤어요.

뒤도 돌아보지 않고 내달리기 시작했습니다. 뒤에서 귀신이 잡아채기라도 하듯이.

교실에는 아직 자야가 기다리고 있었어요.

초록 문을 들어서서 거의 하루를 다 보낸 것 같았는데, 이곳에선 시간이 흐르지 않은 거였습니다.

"수업 시작 1분 전이라고. 늦을 뻔했잖아. 영어책은?"

이돌은 집에 영어책을 가지러 가던 길이란 것도 까마득히 잊고 있었죠.

자야가 입을 실룩이며 이돌 등짝을 찰싹 때렸어요.

"그냥 오면 어떡해!"

"아얏!"

하나도 아프지 않았습니다. 전 같으면 똑같이 자야한테 대꾸를 하고 맞받아쳤겠지만 그러지 않았어요.

'자야한테 말하면 날 놀리겠지? 절대 믿지 않을 거야.'

그날 밤 이돌은 또 한 번 눈이 휘둥그레졌어요.

호기심에 인터넷 검색창에 '세종의 둘째 아들'이

라고 쳐 봤는데, 글쎄!

세종의 둘째 아들

수양 대군

어려서 세종의 사랑을 받아 여러 나랏일과 한글 창제에도 참여한다. 한글로 《석보상절》이라는 책을 지어 세종에게 바칠 정도였다. 나중에 조카 단종을 죽이고 왕위에 오른다. 이가 바로 세조 임금이다.

| 역사의 한 순간 |

이돌이 마주한 시간은 조선 세종 때야.
무심코 쓴 한글 때문에 위기에 빠지지.
한글 몇 글자에 왜 그런 난리가 난 걸까?
한글을 만들어 처음 세상에 내놓은 건 1443년.
흥미롭게도 이돌은 그보다 십여 년 전으로 가지. 거기서 마주한 상대는 세종의 둘째 왕자 수양 대군이야. 대군은 세종이 한글을 만들 때 옆에서 열심히 도운 왕자였어. 그리고 그 옆에서 한글을 탐탁지 않게 여기는 최 교리!
세종이 한글을 만들던 당시엔 반대하는 신하가 엄청 많았어. 한자를 쓰던 권력층들이 위기를 느꼈기 때문이기도 해. '한낱 글자일 뿐인데, 뭘.'이라고 생각하면 큰 잘못이야. 당시 한자는 권력층의 지위를 지켜 주는 글자였거든. 때문에 백성 모두가 쓸 수 있는 글자가 만들어지는 걸 두려워했던 거야.

  세종은 잘 알고 있었어.

  한글을 만드는 일이야말로 나라를 더 강하게 하고, 백성들을 잘 살게 하는 것이라고 믿었지. 실제, 한글은 전 세계의 문자 중 가장 훌륭한 글자로 인정받고 있어. 지금 우리나라가 세계 속에서 문화를 꽃피우며 우뚝 서 있는 힘이기도 해.

김기정

나고 자란 곳은 충청북도 옥천, 1500년 전 백제와 신라가 한창 싸움을 벌인 한가운데죠. 어른들이 말하는 옛이야기와 산기슭 곳곳에 남은 산성의 돌무더기를 보면서 역사를 되새기곤 했습니다. 천 년 전 역사가 지금의 나와 이어져 있다는 것도 알게 되었고. 그동안 《바나나가 뭐예유?》, 《해를 삼킨 아이들》, 《네버랜드 미아》 같은 동화를 써 왔고, 종종 《우리 신화》, 《음악이 세상을 바꿀 수 있을까?》 같은 책도 냈습니다.

장경혜

서울에서 나고 자랐습니다. 어렸을 때부터 서툴게나마 낙서하는 것을 좋아했는데 어쩌다 보니 이렇게 역사책에 그림을 그리는 한 순간을 맞이하게 되었네요. 역사에 대해 잘 아는 것은 아니지만, 잠시나마 책 속 주인공인 이돌의 마음이 되어 함께 모험을 한다는 기분으로 그림을 그렸습니다. 그동안 그린 책으로 《둥근 해가 떴습니다》, 《똥배 보배》, 《도깨비 감투》, 《우리 동네 미자 씨》 등이 있습니다.